Warum ich das Kringelchen erfand

Falkenweg 6, 65527 Engenhahn-Wildpark

Zeichnungen: Tom W.H.A. Sommerlatte

3. Auflage, 2017
Herstellung: Book on Demand GmbH, Norderstedt

ISBN 978-3-00-033212-8

Warum ich das Kringelchen erfand und andere Geschichten

Tom W.H.A. Sommerlatte

Über den Autor

Die Kurzgeschichten in diesem Büchlein entstanden in den 1960er und 1970er Jahren in Berlin, als Tom Sommerlatte, damals Gymnasiast und dann Student an der Freien Universität Berlin, regelmäßig für das „Spandauer Volksblatt" und den „Telegraf" schrieb und für die Sonntags-Kolumne „Von Tom" an die 100 solcher Geschichten verfasste.

Nach seinem (naturwissenschaftlichen und betriebswirtschaftlichen) Studium in Berlin, Rochester, New York, Paris und Fontainebleau und seiner internationalen beruflichen Karriere als Management Consultant widmet er sich heute wieder stärker seinen künstlerischen und philanthropischen Interessen. Er malt (siehe www.sommerlatte-art.com), schreibt Bücher (siehe bei Amazon unter „Tom Sommerlatte") und engagiert sich für die katholische Kirchengemeinde in Engenhahn und die Stiftung Zwerg Nase, die sich um Familien mit behinderten Kindern kümmert.

Er lebt mit seiner französischen Frau Christine als Vater einer großen Familie (11 inzwischen erwachsene Kinder) in Engenhahn.

Inhalt

Pflanze der Hoffnung

Rohrleitungen zerteilen die tristgrauen, verschachtelten Hallen, laufen scharenweise an den Wänden entlang. Mit Krümmungen und Knicken winden sie sich in allen Richtungen, einige sind schwülstig, andere dürr wie Spinnenbeine. Dichtungen und Muffen gliedern sie, Hähne und Schaugläser glucken auf ihnen. Drahtgerüste und Haken halten das Labyrinth zusammen. Es verbindet große Kessel, deren Deckel durch ungezählte Schrauben festgepresst und in denen Rührwerkzeuge von elektrischen Motoren angetrieben werden. Es summt monoton in den Hallen, in die das Licht durch bräunliche Drahtglasscheiben vom Dach her fällt. Andere Kessel haben dickwandige Verschlüsse, zu deren Bedienung große Griffe angebracht sind.

Drehfilter, in denen sich blitzende Schneckengetriebe mühsam wälzen, fügen einen dunkel brummenden Ton hinzu, über Rinnen läuft dampfende Flüssigkeit auf sie herab. Während einige Kessel mannshoch sind, haben andere die Größe eines Hauses. Gewaltige Mengen von Eisen und Stahl türmen sich zu einem Zauberreich von Technik zusammen.

Die Anlage läuft ununterbrochen, unaufhaltsam, Autoklaven strotzen an den Wänden, Messuhren an Messständen. Einige schweigende Menschen in Arbeitsuniform laufen wie gelangweilt zwischen den Rohrleitungen umher, um zu prüfen und zu regulieren. Zu Zeiten sprechen sie ein wenig, dann putzen sie wieder hell leuchtende Metallteile oder kehren Schmutz vom gekachelten Boden.

Es lässt sich nicht mehr genau feststellen, wie es gekommen ist. Bestimmt hatte einer der Uniformierten die Angewohnheit, den Schmutz stets in ein und dieselbe Ecke zu kehren, um sich das Hinaustragen zu sparen; vielleicht ist dieser Schmutz besonders geeignet; vielleicht hat einer den Kern einer Frucht auf den Boden gespien.

Mit einem Male jedenfalls sprießt ein kleines, grünes Pflänzchen inmitten der Eisenkonstruktionen. Der es zuerst entdeckte, lief zu den anderen, um den originellen Vorfall zu berichten. Sie stehen staunend vor dem grünen Ding und beschließen, es zu schonen. Kommen sie an der Pflanze vorbei, so verharren sie andächtig, in Gedanken versunken, neue Kraft schöpfend durch das kleine Wunder. Leben von draußen ist in die Metallwelt gedrungen.

Die Pflanze entwickelt sich zusehends, sie rankt an den Rohren empor, trägt Blätter über Blätter,

verzweigt sich, gedeiht. Sie zeigt unbeugsame Lebenslust, und obwohl es allmählich besonderer Mühe bedarf, sie zu schonen, hängen die Uniformierten mit seltsamer Liebe an ihr. Einige Kessel müssen stillgelegt werden, um die Pflanze nicht zu verletzen. Und sie sprießt weiter und weiter, treibt schneeweiße Blüten, die einen angenehmen Duft verbreiteten. So wird ein Motor nach dem anderen abgeschaltet, eine sanfte Ruhe entsteht in den Hallen, die Uniformierten legen allmählich jede Hast ab und verbringen einen immer größeren Teil des Tages mit der Pflege der Pflanze.

Schließlich tritt völliger Stillstand ein, einige Ranken der Pflanze müssen gewaltsam mit dem Beil entfernt werden, um überhaupt den Zugang zu den Hallen frei zu halten. Vögel nisten sich im dichtem Gewirr ein, von weit und breit kommen Uniformierte, um hier neue Freude, neue Hoffnung zu schöpfen.

Und jetzt übernimmt das Land die Pflege dieser Stätte.

Der alte Mann und der Karpfen

Vor dem Tümpel saß der alte Mann und starrte ins Wasser.

In dem Tümpel hing ein alter, dicker Karpfen und starrte hinaus in die Luft. Der alte Mann hielt die Angel in der Hand, stundenlang und ohne sich großartig zu bewegen, nur gelegentlich erneuerte er den Wurm. Und der Karpfen umschwamm behäbig den Haken und blubberte einige Blasen hervor. Er blinzelte zu dem Wurm, der jede Stunde erneuert wurde, anfangs noch einige verführerische Zuckungen ausführte und dann das Zeitliche segnete. Er betrachtete den Wurm mit grenzenloser Geduld und ohne jede Gier, hier und da biss er ein Stückchen ab, wo es ungefährlich war, dann wedelte er sich mit seinen altersschwachen Flossen weiter und fuhr fort zu dösen.

Nein, er ging nicht mehr auf den Leim. Einen Angelhaken hatte er schon im Maul. Damals, im jugendlichen Alter, hatte er sich losgerissen, und der Haken hatte ihn sehr geschmerzt und gestört, dann aber war alles verwachsen, und er hatte sich daran gewöhnt. An seinen Flossen hatten sich Algen angesiedelt, weil er sich nicht mehr so richtig von der Stelle bewegte, und Egel hatten sich an seinen Schuppen festgesaugt, die ihm übrigens auch schon auffallend ausgingen. Ihm war nichts mehr neu, ihn konnte nichts mehr irritieren. Außerdem waren seine Augen so schwach, dass er nur zufällig den Haken entdeckt hatte und sich nun ganz in seiner Nähe aufhielt, denn der Anblick weckte doch eine Fülle von Erinnerungen in ihm. Mehr aber nicht.

Der alte Mann draußen vermied seinerseits ebenfalls jede Bewegung, weil er Ischias und Rheuma hatte, und seine Augen waren auch nicht mehr die besten, er hätte den Karpfen am Haken nur mit seinen gichtigen Fingern fühlen, nicht aber durch die stark geschliffenen Brillengläser sehen können. Das Herz hielt er nur mit Drogen in Bewegung, ihn konnte jede Kleinigkeit erschüttern, deshalb saß er stundenlang da und angelte. Er hatte nicht die Absicht, etwas zu fangen. Das hätte ihn nur unnötig erregt.

Unter normalen Umständen wäre es zwischen diesen beiden abgeklärten Gestalten also nie zu einem wirklichen Kontakt gekommen. Nun aber dauerte dieses gleichförmige Spiel schon seit Tagen, und den Karpfen überkam eine gewisse Lebensmüdig-

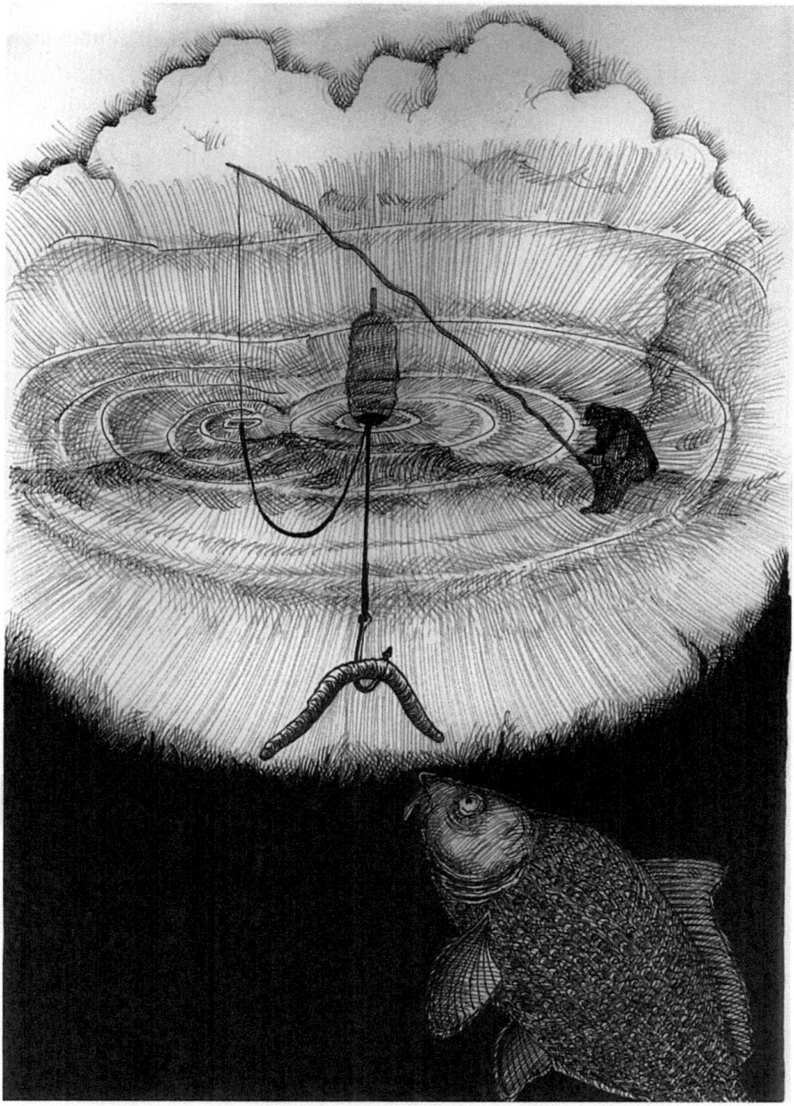

keit So viele Jahre auf dem Buckel zu haben, ist eine Last. Darüber hinaus nahm das seichte Wasser des trüben Tümpels allmählich sommerliche Temperaturen an, die eine einschläfernde Wirkung auf den Karpfen ausübten. Da beschloss er, sein Leben mit einem Genuss zu beenden und schnappte kurz entschlossen nach dem Haken.

Mit nichts rechnend, stürzte der alte Mann in den Tümpel und machte auch keine Anstalten, wieder an Land zu kriechen, denn sein Bewusstsein hatte ihn ob des überraschenden Anglererfolges verlassen. Schließlich war er ganz aus der Übung gekommen, seit Jahren pflegte er nichts mehr zu fangen.

Da lag also der alte Mann im Wasser und ertrank, und der Karpfen, der mit solchen Dingen nicht gerechnet hatte, kreiste drei weitere Tage an der Angelschnur um den alten Mann, hielt sozusagen die Ehrenwache. Dann starb auch er.

Der Organist

Der Organist griff mit seinen sehnigen Fingern in die Tasten. In diesen Fingern lag die ganze Musikalität dieses Mannes, rötlich behaart waren sie, blass und zittrig, und dennoch griffen sie mit harter Exaktheit und abgewogenem Nachdruck. Es zog sie auf die Tasten, sie schienen dem Zwang zu unterliegen, in Läufen und Akkorden, Trillern und Triolen über die Tastatur der Orgel zu gleiten. Der hagere Oberkörper des Organisten richtete sich unbeweglich, scheinbar unbelebt auf, von einem grauen Umhang eingehüllt, der in gotischen Falten an ihm herunterhing. Die Augen des Organisten waren geschlossen, sie schienen mit der Intensität des schöpferischen Menschen nach innen zu blicken, die feinen Nerven der Lider zuckten zuweilen, wenn sich das stolz erhobene Gesicht verfinsterte. Die grauen Haare fielen seitlich in die hohe Stirn und gaben dem Gesicht etwas Entrücktes, Unnahbares.

Wenngleich Vollkommenheit in den Zügen des Organisten lag, so rang er doch innerlich mit sich selbst. Die Töne, die er anschlug, schienen ihm wie metallene Kugeln in das hohe, steinerne Schiff der Kirche zu fallen, ihnen fehlte das warme Klingen, die Seele, die er ihnen noch vor wenigen Jahren entlockt hatte. Wenngleich die Harmonien sauber und von gewohnter Reinheit waren, so wirkten sie doch mehr wie mathematische Gebilde, wie gläserne Schliffe. Voller Sehnsucht versuchte er, die Akkorde voll und warm zu gestalten, zum

Leben zu erwecken; doch sie blieben kalt und glitten in die eisige Luft, die das Kirchenschiff füllte.

Grau war es zwischen den hohen Sandsteinwänden und den emporstrebenden Säulen, die nicht zu enden schienen, bis sie in ungeahnter Grazie in Bögen ausliefen. Nur durch die bleiverglasten Scheiben fiel Farbe. Sattes Rot und kühle Blautöne, denen das abendliche Licht keine Überzeugungskraft mehr geben konnte, fielen auf die Steinplatten des Bodens.

Der Organist fror. Was er spielte, waren nicht mehr die alten Choräle, es waren die hilflosen Rufe eines einsamen Menschen.

Er stand auf und wollte gehen. Da sah er unten im Kirchenschiff einen kleinen Jungen sitzen, den Kopf zu ihm nach oben gewandt, die Schultern zusammengezogen. Ein nasser Streifen lief ihm von der Nase aus über die Oberlippe. Er sah dem Jungen

in die Augen, die ihn voller Bewunderung anstarrten, dann hing er ihm seinen grauen Umhang über die Schultern und begann von Neuem zu spielen – und jetzt lagen Wärme und freudiges Leben in den Tönen.

Der Weltreisende

Niemand in der kleinen Hafenstadt wusste, dass er heute ankam. Nur die alte bucklige Besitzerin der Pension „Zum tranigen Fass“ wusste es, und sie hatte sich gründlich darauf vorbereitet.

Er hatte den genauen Termin in einem sorgfältig versiegelten Brief angekündigt, der wochenlang auf dem Weltmeer unterwegs gewesen war. Es war selbstverständlich, dass es so kommen würde, wie er geschrieben hatte, denn – wenn nicht gerade ein mächtiger Sturm oder sonst ein teuflisches Ereignis dazwischen gekommen war – hatte er sich nie in seinen Voraussagen geirrt.

Tatsächlich legte an diesem Tag ein Zweimaster an, und nachdem die üblichen umständlichen Förmlichkeiten des Anlegens erledigt waren, kam er über ein schmales wippendes Brett mit tänzelndem Schritt an Land. Er blieb einen Augenblick stehen, den Kragen des Regenmantels hochgeschlagen, die Nase gerümpft, und schaute um sich. Dann packte er die abgewetzte Reisetasche und ging davon. Er ging die winkligen Gassen entlang bis zum „Tranigen Fass“. Er schaute ständig prüfend um sich und nahm alles in sich auf, während ihn, das unscheinbare graue Männlein, kaum jemand eines Blickes würdigte.

Wenn ihm jemand nahe genug gekommen wäre, so hätte er vielleicht gehört, wie er vor sich hin sagte: „Hat sich nichts verändert, hat sich überhaupt nichts verändert!“ Dann stand er vor der steilen Treppe zum „Tranigen Fass“. Und kaum hatte er gepfiffen, da kam ihm die alte Besitzerin entgegen, frisch gekämmt und mit einer äußerst korrekt gebügelten Schürze versehen. Sie begrüßten sich mit wenigen Worten, sie trug seine Reisetaschen hinauf, und er folgte ihr, indem er einen letzten Blick zum Hafen warf. Als sei es ein täglich wiederkehrendes Ereignis, erhielt er seinen Grog, stopfte er seine lange Pfeife und massierte sie ihm die Beine. Denn diese Beine hatten es nicht leicht. Sie gehörten einem Weltreisenden, einem, der ständig auf Achse oder besser auf Kiel ist, einem, dem es keine Ruhe lässt an einem Ort. „Wissen Sie, Fasswirtin,“ sagte er, indem er lange Pausen zwischen den einzelnen Worten ließ, „damals als ich aufbrach, wollte ich eigentlich so schnell wie möglich woanders wieder an Land gehen. Sobald ich eine Gegend gefunden hatte, wo die Menschen mir sympathisch waren, wollte ich wieder Landratte werden. Aber es ist nicht dazu gekommen. Es war überall gleich. Überall, das kann ich ja nun beurteilen, sind die Menschen ähn-

lich. Sie leben in einer Welt, die kleiner ist, als ein normales Rumfass, und sie finden diese Welt nicht einmal beengt. Sie sind überall von raffsüchtiger Geschäftigkeit und kleinlicher Dummheit. So kam es, dass ich von Kontinent zu Kontinent segelte, ohne je wieder eine Landratte zu werden.“ Er paffte vor sich hin und blinzelte mit den faltigen Augen. Sie war schweigsam, denn sie ärgerte sich, dass er sie nicht ausgenommen hatte.

Dann ging er in das Zimmer mit den schrägen Wänden, das er alle zehn Jahre einmal bewohnte und von wo aus man den ganzen Hafen überblickte und legte sich in das blaukarierte Bett. Und bevor er einschlief, sagte er zu sich selbst: „Sei ehrlich, du komischer Kauz, wie glücklich wärst du, wenn du auch einer von den Landratten sein könntest mit ihrem Glück und ihren interessanten Sorgen, wenn nicht der verdammte Stachel in dir steckte, der dich alles mit den Augen eines idealistischen Träumers betrachten lässt!“

Dann schlief er ein, und seinen alten Knochen tat die Ruhe gut.

Warum ich das Kringelchen erfand

Als ich die Augen öffnete, blendete mich das Licht, das durch die quadratischen Mauerlöcher fiel, dann setzte ich meine Füße auf den harten, glatten Boden des Raumes, in dem ich mich befand, stieß mich an rechtwinkligen Kanten, an Senkrechten und Waagerechten, helle Symmetrie umgab mich, gebeiztes Holz, platt und tot, Gewebe, das säuberlich hing, eiserne Klinken und Schlüssel.

Über mir und unter mir weitere Mauern, die kubische Löcher umhüllten, den Kubus zum Grundelement der menschlichen Ordnung machten. Aus Hähnen strömte gechlortes Wasser in regulierbarem Strahl, ich presste graue Kunststoffmuscheln fest an meine Ohren, um in elektrische Schwingungen verwandelte Stimmen zu hören.

Das Erstarrte hatte die Herrschaft angetreten, kein Wind bog noch etwas, nichts wuchs, nichts verwandelte sich, in Porzellanfliesen leben keine Engerlinge, und Schmetterlinge zerbrachen sich die Flügel an Kristallblumen. Die Schwalben waren sterbend in den

Rinnstein gefallen, und krätzekranke Sperlinge nisteten auf Simsen und benutzten vorgeschriebene Flugbahnen.

Da lief ich voller Unruhe in der abgemessenen, klaren Ordnung umher, bis ich das Kringelchen erfand. Zuerst sollte es schwarz werden, dann bunt, doch grelle Farben waren genug um mich, und ich machte es grau, gab ihm hundert verschiedene, schmutzige, hässliche, unscheinbare Grautöne. Und wenn es fiel und sich verformte wie eine Amöbe und quoll und schwebte, so mischten sich die Graus wirr durcheinander. Es war weder stachelig noch weich, das Kringelchen, man war sich über das Gefühl nicht im Klaren, das es verursachte. Schon dadurch, dass es bei der leisesten Berührung nachgab und zu wabbeln begann, konnte man seine Konsistenz gar nicht beschreiben.

Manchmal erinnerte es an das Kitzeln, das unvermutete Wasserpestranken beim Schwimmen am Bauch verursachen. Es hatte auch keine feste Gestalt, einmal diese, einmal jene, wollte man es formen, so fiel es sogleich wieder in die undefinierbarste Verrenkung und blieb träge liegen, um nur die abstehenden haarigen Teile unregelmäßig und ganz dem Zufall gehorchend wedeln zu lassen.

Ich fragte mich alsbald nach dem Zweck, den das Kringelchen hatte: es hatte überhaupt keinen Zweck. Man konnte es in den Händen haltend wegwerfen, es klotzte einen vom Fensterbrett und aus Ecken glucksend an, es war so krumm und sinnlos, dass es jede Konstruktion um sich lächerlich erscheinen ließ: Uhren liefen in seiner Nähe falsch, Tische begannen zu wackeln, saubere Gegenstände wirkten schmierig und trostlos. Seine bedeutendste Fähigkeit war die des Verwandelns. Eben noch konnte es endlos lang, dürr und staklig gewesen sein, und mit einem Mal wurde es rund und fett und kugelig und charakterlos. Warum ich das Kringelchen erfand? Aus Protest gegen die Stein- und Eckenwelt, in der ich lebe, als atonales Gequietsche gegen die geordneten Töne, als Gekicher, als Gegrunze, als Unsinn gegen die Ordnung.

Seit ich das Kringelchen erfand, ertrage ich die Kanten und Kuben viel leichter.

Die Auktion

Zwanzig Graugekleidete halten sich in dem rechteckigen Raum versammelt, an dessen hinteren Ende ein länglicher Holztisch quer zur Richtung des Raumes steht. Sie tragen zum Teil dünne, zusammengefaltete Schirme. Einige von ihnen laufen zerstreut an der Längswand des Raumes auf und ab, andere stehen in Gruppen zusammen, jedoch ohne zu sprechen, und auch sie bewegen sich unruhig, wischen sich zeitweilig mit der Hand über das Gesicht oder rücken an ihrer schwarzen Krawatte. Durch die drei verhangenen hohen Fenster des Raumes fällt das Licht des Hinterhofes, Geräusche von Karren und entferntes Stimmengewirr dringen herauf. An der Decke brummt ein Ventilator.

Da öffnet sich an der hinteren Wand eine Tür, die zwanzig Graugekleideten drehen sich in diese Richtung um, sie scheinen aber enttäuscht zu sein. Ein Diener in dunkler Uniform kommt herein und stellt eine Kanne mit Wasser und mehrere Gläser auf den Tisch. Danach kommt er noch einige Male, anscheinend zur größeren Zufriedenheit der Graugekleideten, und bringt Aktendeckel, Tintenfässer, Federhalter und eine Glocke. Die Graugekleideten finden nun keine Ruhe mehr. Sie wechseln die Mappen und Schirme von einer Hand in die andere, feuchten fortwährend die Lippen mit der Zunge an, starren zur Decke, zum Boden und ändern ungeduldig ihre Stellung. Obwohl sie gleichgültige Gesichter zur Schau zu tragen bemüht sind, sieht man ihnen Spannung an, ihre Augen haben einen gierigen Ausdruck. Auch zieht es sie immer mehr zu dem Holztisch, so dass schließlich die hintere Hälfte des Raumes ganz bevölkert ist, während der vordere Teil immer leerer wird. Dann beginnen einige, sich zu räuspern und sich mit dem Taschentuch den Schweiß von der Stirn zu wischen. Am Tisch entsteht ein regelrechtes Gedränge, sie werfen sich böse Blicke zu und schieben sich rücksichtslos zur Seite. Einige setzen Brillen auf.

Da treten drei Männer ein, und es wird mit einem Male völlig still in dem Raum.

Einer der Männer erklärt mit kalter, geschäftiger Stimme etwas, dann fügt er in scharfem Ton noch einige Bemerkungen hinzu. Die Graugekleideten blicken betreten zum Boden und treten einige Schritte vom Tisch zurück. Nun setzen sich die drei Männer an den Tisch. Nach einer Weile ruft der mittlere etwas aus. Sofort beginnen die zwanzig Graugekleideten zu schreien, die einen mit hoher Stimme, indem sie die Hand heben, die anderen, in-

dem sie sich fortwährend wiederholen, ja, mit dem Fuß aufstampfen, andere wieder haben tiefe Stimmen und übertönen alles mit wenigen Worten. Sie bleiben einigermaßen ruhig, während viele rot im Gesicht anlaufen und in der Erregung wieder nach vorn drängen. Dann brüllt einer der drei Männer dazwischen und sofort ist wieder völlige Stille, die Graugekleideten schlagen die Augen nieder, als besännen sie sich mit einem Mal, dass sie etwas falsch gemacht haben, rücken die Kleidung zurecht und nehmen wieder die alte Stellung ein. Kaum hat der mittlere der Männer jedoch zum zweiten Male etwas gesagt, da beginnt das Stimmengewirr von neuem, diesmal viel heftiger, viel rücksichtsloser. Besonders ein Kleiner sticht hervor, er hat eine diskante Stimme, und es strengt ihn offensichtlich an zu schreien. Dennoch schreit er unaufhörlich, ja, bedient sich des Regenschirms, um sich nach vorne zu drängen. Die anderen wehren sich anfangs, dann lassen sie ihn gewähren. Er ist schließlich der einzige, der noch schreit und zappelt. Mit geringschätziger Miene gibt ihm der mittlere der Männer schließlich einen Zettel, worauf der Kleine glücklich lächelt und mit verschwitztem Gesicht den Raum verlässt. Die anderen beginnen nun, in eher kameradschaftlichem Ton miteinander zu sprechen, dann verlassen auch sie in Gruppen den Raum.

Der Tod des Ratsherrn

In der ganzen Stadt, besonders aber vor dem Haus der Rats- und Handelsherren, wehten schwarze Fahnen. Gestern Abend hatte ein hochbetagter weißhaariger Ratsherr seine Diener an den Kamin gerufen, vor dem er auch an den heißesten Tagen zu sitzen pflegte.

„Ich habe das Maß meines Ruhmes und Erfolges gefüllt. Geht zum Sargmacher, er ist in dieser Jahreszeit recht billig, und bringt einen langen Eichenholzsarg. Morgen möchte ich sterben. Auch die nötigen Blumen könnt ihr jetzt sehr billig erstehen.“ So sprach der Ratsherr mit seiner brüchigen Stimme, die so oft im gotischen Ratssaal der Stadt erklungen war, und sein Gesicht bewahrte wie stets den gleichmütigen, gelangweilten Ausdruck. Die Diener nickten nur, und am nächsten Morgen stand der Sarg in der Bibliothek.

Der Ratsherr erschien in Festtagskleidung, mit schwarzer Binde am Arm, den Zylinder in der Hand. Er schien ein wenig schlecht gelaunt. Mürrisch versammelte er die Diener um sich und trat in den Sarg. Er verteilte noch einmal Trinkgelder, und die

Augen der Diener füllten sich mit Tränen. Dann fiel er rücklings in den Sarg und war tot. Während einige Diener die Kerzen anzündeten und Blumen um den Sarg gruppierten, ging ein anderer zum städtischen Lokalanzeiger, um den schmerzlichen Verlust der Öffentlichkeit bekannt zu geben.

Der Bürgermeister und an seiner Seite die Prominenz der Stadt erschienen im Haus des Ratsherrn, um den Toten zu ehren. Schon am Mittag wurde der Sarg zum Friedhof gebracht, und da die Blumen in der Saison so billig waren, liefen verschiedene Kränze und Trauerbukette ein, die man auf den Toten häufte. Noch am Nachmittag hatten der Pfarrer und der Bürgermeister ihre Reden ausgearbeitet, der Rat der Stadt, bestehend aus vielen ehrenwerten Bürgern, erschien zur verabredeten Zeit auf dem Friedhof – vollzählig, denn es war angenehm kühl unter den Linden des Friedhofs. So trug man den Sarg ans ausgeschaufelte Loch, um das die Befrackten in Reih' und Glied standen, säuberlich geordnet nach Rang und Namen.

Dann trat der Pfarrer hinzu und würdigte die hohe Moral des Toten, seinen edlen Wandel und vieles mehr. Ihm folgte der Bürgermeister mit einer erstaunlich wohlgesetzten Rede. Hier begannen nun auch der Fotograf und der Schreiber des Lokalanzeigers aufmerksam zu werden, vielleicht, dass

man sogar etwas beim Rundfunk anbringen konnte. Der hochgeschätzte Ratsherr habe der Stadt zwanzig Jahre rührig gedient – mit einem kühnen Geist, mit unermüdlicher Geduld, die sich schon in der Ruhe seiner Bewegungen ausgedrückt habe. Er habe seinen Platz im Geschichtsbuch des Landes. Und so weiter, und so weiter.

Viele Augen füllten sich mit Tränen. Dann erhob sich der Ratsherr aus seinem Sarg, mühsam, denn die vielen Blumen auf der Brust behinderten ihn. Er verneigte sich nach allen Seiten und begann, an den Bürgermeister gewandt: Trotz aller Ehrungen dürfe doch nicht unerwähnt bleiben, dass er der Stadt nicht zwanzig, sondern fünfundzwanzig Jahre gedient habe, ferner sei er keineswegs besonderer Abstammung, sein Vater sei vielmehr Schweinehändler gewesen. Was die Ruhe seiner Bewegungen beträfe, so wisse doch jeder, dass er ein lahmes Bein habe. Außerdem, so wandte er sich an den Fotografen, könne man einen Toten nicht fotografieren, während er mit offenen Augen den Worten des Bürgermeisters folgt. Er solle es nachher noch einmal versuchen. Dann fiel der Ratsherr wieder in den Sarg, bedeckte sich mit den Blumen, wobei ihm einige der Umherstehenden halfen, und wurde unter dem Geläut der Kirchenglocken begraben.

Eine Parodie

Ein müder Wind ließ das roh zusammengezimmerte Boot leise hin und her schaukeln, der Himmel war verhangen, die spitzen Wellen klatschten gegen die Bootswände. Unter dem mit vielen Flicken besetzten Segel saß ein knochiger Mann, von dessen Schultern ein verwitterter Pullover hing und dessen Augen geduldig und ein wenig stumpfsinnig über das Meer strichen, das in der einen Richtung endlos schien und in der anderen an eine felsige, schroff herabfallende Küste stieß. Von dort war der Mann mit seinem klobigen Boot gekommen, von den erbärmlichen Häusern, die sich an die Felsen schmiegten. Wie jeden Morgen hatte er die Angel genommen und war zum Meer hinunter gestiegen.

Er hatte heißen Kaffee getrunken, eine Ölsardine gegessen und eine Flasche Rum mitgenommen. Er hatte in der Erde nach Regenwürmern gesucht und sie in die Hosentasche gesteckt. Und nun saß er auf den Bodenbrettern seines Kahns, trieb dahin und hielt die Angel in das Meer. Von Zeit zu Zeit schwang er den Angelhaken zu sich ins Boot und erneuerte den Regenwurm. Nie war etwas am Haken, seit Tagen hatte er nichts gefangen. Er nahm das hin. Seine wässrigen Augen blickten trüb, und seine Hände, auf denen die blauen Adern hervortraten, zitterten, wenn er den Angelhaken ins Wasser warf. Das Glück schien ihn verlassen zu haben. In ihm sah es aus wie an diesem Tag auf dem Meer – grau, verhangen, freudlos und kühl. Er wollte Kabeljaue fangen, aber er hatte ja nicht den richtigen Haken an der Angel.

Er ahnte, dass er nie einen Kabeljau fangen würde. Aber er konnte sich einen neuen Haken nicht leisten. Dennoch hoffte er, dass er wenigstens einmal einen Kabeljau zum Anbeißen verleiten könnte. Einmal musste er ja Glück haben. Seine Vorräte waren nun langsam aufgebraucht, und wenn er noch öfter mit leeren Händen nach Hause zurückkehrte, so wäre es aus mit ihm. Mit leerem Kopf dösend blickte er hinaus aufs Meer. Die anderen Fischer kamen jeden Tag mit vollen Booten zurück und lächelten ihn mitleidig an, wenn er sein Boot am Steg festband und ohne Fang hinauf kletterte in sein windschiefes Bretterhaus, in dem er auf dem Boden schlief, nur in eine Decke gehüllt mit einer Öllampe am Kopfende. Die einzige Freude bereiteten ihm die Regenwürmer, die in seiner Hosentasche herumkrochen und ein angenehmes Kitzeln an seinen Schenkeln hervorriefen.

Da zuckte die Angel plötzlich, und der alte Mann fuhr zusammen und ein beglücktes Lächeln überzog

sein Gesicht – ein Fisch hatte angebissen. Unruhe ergriff ihn, und er ließ den Fisch sich müde kämpfen. Das Glück hatte ihn nicht völlig verlassen. Er war so erregt, dass er in das Wasser trat, das zwischen den Bodenbrettern seines Bootes gluckste, und ausrutschte. Aber das bekümmerte ihn nicht. Mit Geduld und Feingefühl holte er die Angelschnur ein. Und dann kam der Augenblick, in dem er den Fisch ins Boot zog, den ersten Fang seit Tagen.

Aber es war nur ein Barsch, und tiefe Enttäuschung ergriff den alten Mann. Denn Barsche konnte er jeden Tag haben, er aber wollte einen Kabeljau fangen. Müde ließ er sich zur Küste zurücktreiben.

Das Ende des Kapitäns Krolle

Vorausgeschickt sei, dass der folgende Bericht einige grausame und zutiefst tragische Stellen aufweist und dass ich deshalb allen Menschen mit weichem Herzen anempfehle, die Lektüre bereits an dieser Stelle abzubrechen, so schwer es auch fallen mag, da andererseits sehr packende und die Bildung erweiternde Abschnitte geschickt eingestreut sind.

Und nun zum Thema, beziehungsweise zur Hauptperson der Abhandlung, zu dem alten Seebären Kapitän Krolle. Wenn ich „Alter Seebär" sage, so hat das seine Berechtigung, denn Kapitän Krolle verfügte über alle dazu nötigen Attribute: einen dichten, wolligen Backenbart, den schon so manche zarte Mädchenhand gekrault hatte, buschige Augenbrauen, unter denen die abgeklärten, blauen Augen hervorblinzelten, und das von Wasser und Tropensonne gegerbte, braune Gesicht. Die reichlich behaarte, wetterfeste Brust überspannte ein abgetragenes, quer gestreiftes Seemannshemd, das nur halb in der tranigen Hose steckte. Ein kleines Bäuchlein war übrigens nicht zu verleugnen.

Leider hatte Kapitän Krolle ein Holzbein. Es war das linke, das ihm ein Pirat abgehauen hatte. Kapitän Krolle hatte sich an den Stumpf gewöhnt, in dessen Holz er im Lauf der Jahrzehnte, die er mittlerweile auf dem Rücken hatte, mehrere Herzen geschnitzt hatte, jeweils mit anderen wohlklingenden Namen, die von seinen Erlebnissen in allen Hafenstädten der Welt, besonders aber denen der Südsee zeugten. In der rechten Hand hielt er Tag und Nacht eine Krücke, die beinah schon zu einem Körperteil geworden war und auf deren Griff sich ein gelber, sprachgewandter Papagei niedergelassen hatte.

Dieser Papagei hieß „Aasgeier" und bediente sich häufig Kraftwörtern aus dem Vokabular Kapitän Krolles, die aus Stilgründen verschwiegen werden sollen. Besonders lobenswert waren des Kapitäns schöne, weiße Hände, die von gepflegten, ovalen Fingernägeln geziert wurden.

Soweit zu Kapitän Krolles Äußerem. Bliebe vielleicht noch zu sagen, dass seine Mähne bereits ergraut war, ihm aber wie in Jünglingsjahren frech unter der schmierigen Schirmmütze hervor in die Stirn hing. Das Seelenleben des Kapitäns war nicht sehr vielseitig. Seine Gedanken kreisten beständig um den Prim, den Schnaps – oder lieber Rum – um Seerouten und um die markanten Aussprüche der Bibel.

In den letzten Jahren nahm sein Hang zum Rum zu, so dass er sich die meiste Zeit in einer bunten Phantasiewelt bewegte. Als seine Matrosen Wind davon bekamen, da regten sich in ihnen, die sonst so gehorsam des Kapitäns eisernem Willen unterlagen, Meutereigedanken.

Sollte irgendein zart besaiteter, jedoch mutiger Leser bisher ausgehalten haben, so mahne ich ihn seines Gemütszustandes wegen, hier abzubrechen.

Kapitän Krolles Matrosen ertränkten den alten Seebären nämlich in einem Rumfass. Damit war der Rum unbrauchbar geworden, aber der Kapitän war nun völlig von dem umgeben, nach dem er sich immer so gesehnt hatte. So endete das Leben eines pflichtbewussten, einsamen und die Welt wie seine Westentasche kennenden Menschen – und es ergibt sich als Moral dieser Geschichte, dass das Leben oft recht hart mit den Menschen verfährt.

Der Beamte

Erst hinter seinem Schalter erreicht der Beamte seine wahre Größe; hier ist er Herr, schon äußerlich abgesondert von den anderen Menschen, die jenseits der hölzernen Barriere warten, dass er sich um sie kümmere, erhaben über die Geduldigen, die sich den Gesetzen seines Waltens unterwerfen. Vor ihm breiten sich Formulare, Stempel, Listen, Register aus, die Insignien seiner Macht – und niemand anderes kann ihm das Maß seiner Korrektheit, die Geschwindigkeit seines Handelns vorschreiben als die höhere, abstrakte Institution, die ihn berufen hat.

So gibt er seiner Existenz selbst ihre volle Bedeutung, indem er majestätisch, ernst, im Bewusstsein seiner hohen Verantwortung seines Amtes waltet. Das Volk, über das er gesetzt ist, fügt sich seiner Ordnung. Nur selten muckt einer auf, wagt es, Unzufriedenheit, Ungeduld anzudeuten. Den straft der selbstbewusste Blick des Beamten, in dem so etwas wie Selbstgefälligkeit liegt. Denn der Widerstand erst lässt die Macht des Beamten recht zur Geltung kommen, ruft ihn zur Betonung, Verteidigung seiner Ordnung heraus. Seine Reaktion ist besondere

Sorgfalt, gleichsam um die Erhabenheit über Verführungsversuche auszudrücken.

Es ist immer wieder eine ganz bestimmte Tätigkeit, die die Wartenden zum Aufruhr reizt, eine langatmige und umständliche Abfertigung, deren das Anliegen einiger Bürger bedarf. Gerade diese Abfertigung liebt der Beamte, ihr Kernpunkt ist das

Aufdrücken eines Siegels. Den ganzen Tag ersehnt er das Erscheinen jener Bürger, die das geliebte Anliegen haben. Beglückt atmet er auf, wenn er sie erblickt, Abwechslung tritt in sein immerhin recht gleichförmiges Dasein, er gibt sich dem Genuss der notwendigen Bewegungen ganz hin, fügt Schnörkel ein, wendet die Formulare mehrmals, reibt sich zwischendurch die Hände und macht das ernsteste Gesicht, das er zustande bringt. Dann bringt er ein Schleifchen an dem Stempel an, mit dem das Siegel aufgedrückt wird, gibt den dazugehörigen Gerätschaften einen gesonderten Platz, ja, faltet andächtig die Hände, bevor er die Zeremonie beginnt. Die Bürger, die sich stets größter Geduld befleißigen, sehen andächtig zu, und auch die Rebellen schweigen betroffen. Allmählich hat es sich sogar eingebürgert, dass der Beamte ein kurzes Dankeslied singt und niederkniet, bevor er das Siegel aufdrückt, dass einige der Wartenden mitsingen, ja, dass einige Leute einzig erscheinen, um an der

SCHALTER A-K

Feierlichkeit teilzunehmen. Seit der Beamte dazu überging, einen Talar anzulegen, war es nur noch ein Schritt bis zum Bau eines dazugehörigen Gebäudes. Dafür wird jetzt gesammelt.

Der Rekord

Einer war auf die Idee gekommen, länger als alle anderen auf einem Bein zu stehen. Er wurde dadurch zum Rekordhalter, dessen Fotografie in allen Zeitungen erschien, der Preise erhielt und in verschiedener Beziehung gefördert wurde. Dadurch wurden auch andere angeregt, ebenfalls möglichst lange auf einem Bein zu stehen und den Rekord zu brechen. Tatsächlich wanderte der Rekord auch immer weiter. Es wurde eine regelrechte Leidenschaft ganzer Scharen von Fanatischen, auf einem Bein zu stehen. Sie bildeten Vereine zum Zwecke des Trainings und der Heranbildung neuer Rekordhoffnungen. Die Breitenwirkung dieser Vereine war erstaunlich, ihre Mitgliederzahl wuchs ständig. In jeder Stadt oder Gemeinde, die etwas auf sich hält, stand irgendwo jemand auf einem Bein, tagelang, von dem Willen beseelt, den Rekord zu erringen. Die Zeitungen berichteten in Aufsehen erregender Weise von diesen Eifrigen, brachten Interviews und Tabellen. Es ist verständlich, dass nicht jeder Lust hatte, in einen der bereits gegründeten Vereine einzutreten, weil es irgendwie schändlich war, erst so spät ihren Wert erkannt zu haben. So hatten die Rekorderheischenden auch Gegner.

Dennoch aber baute man ihnen große Stadien, in denen Tausende von Anhängern stundenlang saßen und dem Rekordanwärter zusahen, der in der Mitte einer Rasenfläche auf einem Bein stand und die Augen geschlossen hielt. Die Zuschauer konnten bei seinem Anblick in größte Ekstase geraten, sie sprangen auf, schrien, bis sie heiser waren, warfen ihre Mützen in die Luft und klopften sich erregt auf die Schultern. Wenn es zu dunkeln begann, richteten sich Scheinwerfer auf den in der Mitte Stehenden, und die Zuschauer harrten weiter. Sie bewiesen große Geduld und unbeugsames Interesse. Nicht dass sie sich auf das Zuschauen beschränkten – sie waren ebenfalls aktiv und übten zu bestimmten Zeiten mit erstaunlicher Konzentration. Ungefähr die Hälfte der Bevölkerung wurde von dieser Bewegung ergriffen.

Da kam ein Ehrgeiziger auf den Gedanken, einen ganz andersgearteten Rekord aufzustellen, nämlich im Kopfstehen. Die Zeitungen brachten Sensationsmeldungen, die Schlagzeilen galten ihm. Die Radiosprecher lobten ihn, seine Zukunftsaussichten stiegen. Zuerst allmählich, dann stürmischer, fand er Anhänger und Nachahmer, die in Vereinen zusammengefasst wurden. Es gab bald nur noch Kopf- und Einbeinsteher, und an manchen Tagen musste die gesamte Arbeit ruhen, da alle übten. Eine weitere Entwicklung ist noch nicht abzusehen, nur fragt

RUNNER TAGE STUNDEN MINUTEN SEKUNDEN
1 JOHN 2 17 9 25
2 ALBERT 2 10 15 2
3 TOM 1 23 20 51
4 JOE 1 22 3 12
5 STAN 1 18 22 1
6 SAM 1 15 2 43
7 EDWIN 0 23 18 28
8 MIKE 0 20 23 53

sich manch einer, warum er so lange auf dem Kopf oder auf einem Bein steht, zumal diese Körperteile dadurch stark deformiert werden.

Ordnung muss sein

Der Stadtrat war neu gewählt worden, viele alte Mitglieder, die sich nicht bewährt hatten, waren entlassen worden, und andere, unternehmungslustige Männer traten an ihre Stelle. Man wollte zunächst einmal Ordnung schaffen in der Stadt, denn so wie die Dinge lagen, konnten die neuen Köpfe im Stadtrat keine Klarheit finden.

Wie viele Menschen gab es überhaupt in der Stadt? Ein findiges Mitglied stellte den Antrag, ein Amt zu schaffen, bei dem sich alle Bürger registrieren lassen mussten und bei dem Geburten und Todesfälle sofort angemeldet werden sollten. Ein prächtiger Sandsteinbau wurde an den Markt gesetzt, mit vielen Verschnörkelungen und einer breiten Treppe, und nachdem die nötigen Beamten eingesetzt worden waren, begann das Einwohnermeldeamt seine Arbeit. Jeder musste einen Antrag in doppelter Ausfertigung abliefern, und nach einiger Zeit gab es vollständige Listen. Da das neue Amt viel Geld kostete und weil außerdem der Stadtrat mehr Mitglieder bekommen hatte als bisher, reichten die Steuergelder nicht mehr. Man musste notgedrungen die Steuer erhöhen. Wiederum kam ein äußerst findiger Kopf auf den Gedanken, ein neues Amt zu gründen. Denn die neue Steuer sollte sich nach der Höhe des Verdienstes richten, und die Stadt musste zu diesem Zweck den Verdienst der Bürger registrieren und kontrollieren. Diesmal wurde ein roter Klinkerbau errichtet, in dem das so genannte Arbeitsamt zu wirken begann. Viele Beamte waren damit beschäftigt, die Angaben der Bürger zu prüfen, Statistiken aufzustellen (welche Berufe am häufigsten vertreten waren, wie viel man wo verdient usw.) und die Steuer zu berechnen. Nachdem ein neues, weiträumigeres Finanzamt eingerichtet worden war – und zwar in der alten Burg der Raubritter, die einst die Stadt beherrschten – lief alles wie am Schnürchen.

Es ist verständlich, dass der Stadtrat sich durch diese Maßnahme bei den Bürgern unbeliebt gemacht hatte. So erhielt er bei der nächsten Wahl nur die Stimmen der Beamten, und das war noch nicht einmal die Hälfte.

Also wurde ein neuer Stadtrat eingesetzt. Im Gegensatz zum vorangegangenen Stadtrat stürzte sich der neue auf das Gebiet der Kultur. Alte Kulturgüter sollten gepflegt, neue gefördert werden. Das Theater und andere kulturelle Einrichtungen sollen zum Wohl der Bürger beeinflusst werden. Diese umfassende Aufgabe konnte nur ein neues

FINANZAMT
ARBEITS-
AMT
SPORTAMT
AMTSAMT
SCHULAMT
KULTUR-
AMT
EINWOHNER-
MELDEAMT
VERKEHRS
AMT
WASSERAMT
STROMAMT
GASAMT

Amt, das Kulturamt, befriedigend erfüllen. Die führenden Köpfe der Stadt wurden zu seinen Beamten gemacht. Hand in Hand damit ging eine bessere Organisation des Schulwesens. Lehrpläne wurden einheitlich ausgearbeitet, Bestimmungen herausgegeben, Ferien festgesetzt, Lehrer eingesetzt und versetzt – all das unterlag bislang der Willkür –, das Schulamt schaffte nun Ordnung. Ein Mitglied des Stadtrates, das zuvor aktiv am Wassersport beteiligt gewesen war, erdachte für sich auch ein nettes Amt – das Sportamt. Alle sportlichen Veranstaltungen, Kampfbestimmungen, Platzverwaltungen, ja, auch die Verwaltung der Kasinos übernahm das Sportamt, das in einem hellen freundlichen Bau am Ufer des Flusses beherbergt wurde, eine wahre Freude für die Beamten, die dort hineinzogen.

Ein großes Verdienst hatte dieser Stadtrat noch. Es gelang ihm, Klarheit hinter das Verkehrswesen zu bringen. Konnte bislang jeder ein Auto kaufen und benutzen, wie er es wollte, so mussten die Fahrzeuge nun beim Verkehrsamt registriert werden. Außerdem fand sich hier eine neue Quelle für Steuern. Ferner wurden viele, viele Verkehrsschilder erdacht, die Unfälle verhüten sollten.

Da fand eine neue Wahl statt. Diesmal wurde der Stadtrat nicht gestürzt, denn er hatte gut gearbeitet – ungefähr siebzig Prozent der Bevölkerung waren zu Beamten geworden. Und welcher Beamte stürzt schon seinen Brotgeber? Im Gegenteil, der Stadtrat wurde erweitert. Um den neuen Mitgliedern Aufgaben zu geben, wurde ein Wasseramt geschaffen, das den Wasserverbrauch der Stadt überprüfte, ein Gasamt und ein Stromamt. Immer neue Beamte bevölkerten die Verwaltungsgebäude, die sich wie Paläste inmitten der Stadt erhoben.

Nun war es schwierig geworden, alle Ämter gegeneinander abzugrenzen, Streit zu schlichten und vor allen Dingen die Bezahlung der Beamten zu regeln. Da half sich der Stadtrat durch einen kühnen Griff – er schuf das Amtsamt, das wirklich großartig funktionierte.

Bei einer Volkszählung stellte sich schließlich beunruhigender Weise heraus, dass nur noch bedenklich wenige Bürgersfamilien existierten.

Im Gefängnis

Im stürmischen Jünglingsalter, als mir der erste Flaum spross, wurde ich in den Kerker der Stadt geworfen, schuldig befunden der übermäßigen Neugier, des zu emsig gewetzten Scharfsinns, der quecksilbrigen Unruhe und der losen, großprotzigen Freiheitssucht. Ich war auf den sonnigen Markt gelaufen und hatte jähzornig in die Ruhe geschrien, dass das Gleichmaß nun ein Ende haben müsse, hatte in wilden Sprüngen wie ein Kobold getanzt, war mit selbstgebauten Schwingen über die Stadt geflogen, um den tattrigen Schulmeister zu verhöhnen und die gesitteten Bürger zu erschrecken – das alles hatte man mir verziehen.

Ich hatte mir die Haare zu langen Locken wachsen lassen und war in geckenhaften Kleidern durch die Straßen gelaufen. Ich hatte mir astronomische Geräte gekauft, mit denen ich die Nächte zerlegte, ich hatte die sonntäglichen Predigten des weißbärtigen Pfarrers mit zynischen Zwischenbemerkungen gewürzt. Und das alles hatte ich getan, um Kontakt aufzunehmen mit den revolutionären Geistern der Zeit, von denen ich gehört hatte.

Ich hatte die liebesbedürftigen Mädchen, die mit sehnsuchtsvollen, püppchenhaften Augen an mir hingen, laut und auffahrend von mir gestoßen und als Gipfel meiner Tollheit die Behauptung aufgestellt, dass Handlung alles, Denken gar nichts sei. Ich hatte Drängen, Poltern, Tanzen erleben wollen, immer in fahriger Bewegung wie ein Sturm, der die Landschaft zerzaust.

Dann hatte ich die Bibliothek der Stadt in Brand gesetzt, die Residenz alles Gedachten und Erdachten, der schweigsam ausgebrüteten Phantasie, das Idyll der Philosophen und In-sich-Versunkenen, der zartgebauten Dichter mit sanftem Blick, die von blumigen Wiesen und melancholischer Problematik träumen, die die Welt tiefsinnig verstehen wollen und nicht wie ich hinausstürmten, Widerstände niederrannten und wild und unbedacht selbst ein Teil der Welt waren. Den filtrierten, destillierten, ätherischen Extrakt des gärenden Lebens, auf Papier konserviert, hatte ich in Brand gesteckt – und da hatte man mich in den Kerker der Stadt geworfen.

Es war ein weißgetünchtes Loch voller bestialischer Ruhe, dass ich fassungslos und verwirrt auf der Pritsche sitzen blieb und die Fliege anstarrte, die in den vier Sonnenstrahlen des Gitterfensters umher flog – ich hörte sie summen und hüsteln, so still war es. Eine Kellerassel tänzelte zögernd über den Be-

tonboden, tausend Beinchen in Aktion, ein unvorstellbarer Rausch. Aber die weißen Wände hüllten mich besänftigend ein wie einen Schlafenden, ich hatte mir an ihnen die Schultern wund gestoßen, ohne dass sie zu lächeln aufhörten, ich hatte gebrüllt und gezetert, und es hatte für eine Sekunde geschallt, dann blieb es totenstill.

Wochen vergingen, und meine temperamentvollen „Rundgänge" im kleinen Loch wurden zu lächerlichen, sinnlosen Tänzen, die mich langweilten. Ich war zur Bewegungslosigkeit verdammt, zur Betrachtung des Nichts, das mich umgab, und als die Fliege im Blechnapf ersoff und die Kellerassel an Altersschwäche einging, da blieben die wandernden Sonnenstrahlen das einzige Bewegliche. Ich begann, mir Bewegung zu erdenken, im Traum sah ich Marktszenen, Ameisenhaufen, Pferdeherden, Regentropfen, ich stand vor der weißen Wand und schien doch mitten in der Arena den Stier zu foppen, ich lag auf der Pritsche und fühlte mich erregt wie bei einem Marathonlauf.

Das Denken wurde meine Welt, und ich zeitigte ganz neuartige Ergebnisse, die ich mit Nägeln in die Wand ritzte. Ich lernte Symbole, die es mir ersparten, die ganze Schwulst der Nebensächlichkeiten mitzuschleppen, ich fand Wesentliches, ich fand Wertvolles und Beglückendes, das ich von Unbedeutendem schied.

Am Schluss erkannte ich, dass das Ergebnis meiner Wandlung ein Gedicht war, ein melancholisches, verträumtes, dahingewehtes Gedicht, das mich frei machte und wild und toll, ein Tanz ohne Bewegung. Ich erkannte, dass ich die Welt in mich hereingeholt hatte und weite Steppen zum Toben hatte, Meere zum Tauchen und Trinken, den Himmel zum Springen und Fliegen.

Da wurden die weißen Wände zu wattigen Wolken, die der Wind verwehte, und die Gitter zu luftigen Blättern, die dahinschwebten. Und ich stand auf und ging behutsam davon und durcheilte doch die ganze Welt.

Kühnheit ist Traum

Da Seefahrt ein Ausdruck von Kühnheit ist und ich mich kühn wähnte, baute ich mir ein Schiff. Nicht nur im Wappen sollte es die Attribute meiner stürmischen Seele führen, es sollte selbst ein einziges, demonstratives Sinnbild für mich sein.

An der Küste Kalkaroniens fällte ich mit leidenschaftlichen Axthieben Bäume, bis mir der Arm erlahmte, dann fügte ich sie ungestüm und hastig zusammen zu einer grobschlächtigen Kogge, die unter Gepolter und unter dem Gekreisch der kalkaronischen Papageien ins Wasser rutschte.

Während sich die bunten Kronen der Uferbäume im singenden Wind bogen, trieb mein Schiff von den langgezogenen Wellen gehoben und gesenkt auf weite Fahrt. Ich stand unter den geblähten Segeln, in denen Lust und gedankenlose Freiheit rauschten und leckte begierig die Lippen, wenn mir Salzwasser ins Gesicht spritzte. Ich war voller Erwartung, dachte an abenteuerliche Inseln, an denen ich vor Anker gehen würde, um Riesenaffen zu jagen, auf Schildkröten zu reiten, sechsköpfige Klapperschlangen zu zertreten, Fledermauseier zu erkämpfen, Giraffen zu köpfen.

Ich wollte mir Kolibris zähmen, dass sie auf meinen Fingern sitzen und das „Ave Maria" vierstimmig singen würden, ich wollte mich an saurer Kokosmilch betrinken, auf Händen und Füßen durch den weißen Ufersand traben und wie ein pandulanisches Pferd wiehern. Unübersehbare Scharen von grölenden und hüpfenden Kannibalen würden mich als Gott in ihren Bambustempel tragen und mir noch zuckende Herzen opfern.

Mein Schiff ächzte und stöhnte und schlingerte auf der großen runden Meerplatte, und ein Möwenpaar gaukelte jammernd um den Mast, hackte sich in die Köpfe, stürzte ins Wasser und besprengte das Deck.

Während am Horizont flache Inseln vorbeizogen, spannte ich die Bambusseile, dass die Takelage sich bog, sang, schrie mit kratziger Wildheit selbst erdachte Lieder hinaus, die das Rollen und Klatschen des grünen Meeres übertönten. Ich raufte mir die Haare und sprang tanzend herum – an diesen Inseln wollte ich nicht ankern, sie hätten himmelhohe Berge haben müssen und verführerische Strände.

Brauner, tückischer Sturm kam auf und zuckte in den Segeln, kauerte sich zusammen, um mit einem Sprung das Schiff vor sich her zu stoßen, ich klam-

merte mich an die Seile und spürte meine Haare weit nach Süden flattern, die Möwen weinten, laues Meerwasser überspülte das Deck und die an den Mast genagelten Gedichte. In dem verrückten Karussell der Ereignisse verflogen meine Gedanken wie Müll, den man ausschüttet, sie kullerten und hoppelten davon, und ich stand mit leeren Augen und hörte es krachen.

Inseln voller ananassüßer Düfte und großer gelber Schmetterlinge, die mit verträumten, nachdenklichen Flügelschlägen durch die Kristallluft flattern – wartet ihr auf mich? Hauerbewaffnete Wildschweine mit bösem Funkeln in den rosigen Augen und kratzigen Borsten und kurzen, sehnigen Schweinebeinen, harrt ihr meines Würgegriffs? Radschlagende Tausendfüßler, schafsköpfige Pfauen, winzige Schoßdinosaurier, ersehnt ihr meine Verwirrung stiftenden Tänze? Ich hörte es brechen und bersten, das Schiff ließ Holz, der Mast schlug neben meinem linken Ohr nieder, durch das Deck hindurch, bis auf das spritzende Wasser, das Segel entfloh mit wilden Gesten, frei, bis zu den Wolken. Der Sturm forderte mich mit leidenschaftlicher Gebärde zu einer teuflischen Wasserpolka, zu der das zerknickte Schiff den Takt krachte.

Mir kralligen Geierfingern an einen großen kalkaronischen Balken geklammert trieb ich schnappend und gurgelnd dahin, denn die Lunge füllte sich mir mit Tang und Salzwasser, an den Zehen kauten atlantische Sardinen, Quallen umgluckten und umschwebten mich, rote, saftige, schleimige, flüssige Geister. Eine Strömung erfasste uns, die kantigen, zerborstenen, aphoristischen Reste eines kühnen Unternehmens, und trieb uns mit großväterlichem Tempo voran. So gelangte ich bis zur hamburgischen Elbmündung, des Nachts, nur die Lichter zweier schielender, blinzelnder Leuchttürme verrieten die Gegend.

Inseln himmlischer Düfte, vorbei, vorbei, es stank grauenhaft nach städtischen Abwässern, nach gelbem, klebrigem Öl, aus Schiffshintern getropft. Im Morgengrauen heulten uns die Sirenen ihre Empfangsgrüße entgegen, bucklige Kutter liefen aus, uns in Schlepp zu nehmen, die tiefen Furchen entlang zu ziehen, damit wir nicht auf Grund liefen bei unserem Tiefgang. Ein schlankes Zollboot legte kokett an und entschwand bald beleidigt, dann erreichten wir den Innenhafen, trotz des regnerischen kühlen Wetters und der grauen Wolken war überall geflaggt, Kräne knatterten geschäftig wie Spielzeugautos, monotones Hammergedonner und Schweißgeblitz, Nietengeknall im Hintergrund, davor der Bürgermeister in Schwarz, der die Begrüßungsrede vom Blatt ablas. Auf die Betonung des Wortes Kühnheit lege ich Wert.

Einzug in die Stadt

Die Einladung kam wie erwartet, und ich machte mich sogleich auf den Weg. Wenngleich ich eine gewisse Unruhe und Ängstlichkeit nicht verbergen konnte, so wundere ich mich jetzt nachträglich doch, wie selbstverständlich ich die Reise antrat, mit schlafwandlerischer Unbekümmertheit, als wüsste ich genau, wohin es ging.

Und gerade das wusste ich doch nicht im Geringsten. Vor mir hatten Freunde da und dort die Einladung bekommen, in einem gewissen Alter erwartete man sie einfach, und sie waren still und über Nacht davongefahren, ohne wiederzukommen. Das hätte doch zu Denken geben müssen, aber seltsamerweise beschäftigte sich niemand damit, man ging wie mit verbundenen Augen seinen Geschäften nach, und redete über Augenblickssorgen und Modeprobleme.

Ich nahm ein Billet für die Vorortbahn, die bimmelnd und fauchend aus der Stadt schnaufte, krächzend und aufgeregt, wenngleich ihre Geschwindigkeit doch mehr eine besinnliche war, so dass die Kuhblumen und der Sauerampfer vor den herabgezogenen Fenstern ganz beschaulich vorbeizogen. Die üblichen Reisebilder reihten sich aneinander: Wiesen mit morschen Zäunen, hinter denen schwarzweiße Kühe ein wiederkäuendes Vegetarierdasein führten, Anger und Weiher, in deren Wasser verkrüppelte Weiden ihre langen Äste hängen ließen, falls nicht eine grüne Schicht von Wasserlinsen sich darauf breit gemacht hatte, sanfte Hügel, zwischen denen hier und da ein Kirchturm auftauchte und Schrankenwärterhäuschen mit Tomatenbeeten und Blumenkästen vor dem Fenster. Dann folgten Felder, die anfangs noch bebaut waren, gelegentlich holten Bauern auf hohen Leiterwagen das Getreide ein, schließlich aber kam nur noch brachliegendes, von Unkraut und langhalmigem Gras bewachsenes Land.

Und mitten in diesen Feldern, mitten unter der Sonne, hielt der Zug, weil die Schienen zu Ende waren. Ich sprang heraus und streckte das Kreuz, denn die harten Holzbänke hatten mich beträchtlich mitgenommen, dann lief ich davon, als ginge ich täglich diesen Weg.

Während ich gelangweilt bergauf und bergab lief, stieg ganz allmählich so etwas wie Erwartung in mir auf. Ich wusste nicht, was geschehen würde, aber ich sagte mir, dass es mit der Einladung etwas auf sich haben müsste, vielleicht – und das war der wagemutigste Gedanke – würde sich etwas ereig-

nen, das mich ein ganzes Stück vorwärts brachte. Ich hatte Großes vor. Mein Ziel war Außergewöhnlichkeit. Und ich bemühte mich schon die ganzen Jahre, zur richtigen Zeit zuzugreifen und nichts an mir vorbei gleiten zu lassen, vielleicht bot sich jetzt die richtige Gelegenheit. Das beschleunigte meine Schritte und ließ mich aufmerksam den Horizont untersuchen.

Und in der Tat tauchte schließlich die Silhouette einer Stadt auf. Es schien eine ungewöhnliche Stadt zu sein, sie war so weiß und ordentlich, nirgends sah ich Fabrikschornsteine oder andere Anzeichen von Industrien, sie strahlte Ruhe aus und Feierlichkeit. Ich näherte mich ganz allmählich, und mit der Zeit taten mir die Augen weh vom vielen Schauen. Zu meinem großen Erstaunen hatte die Stadt ein Stadttor, das nicht nur eine historische Erinnerung war, sondern wirklich noch funktionierte und bei meiner Ankunft schon geschlossen war. Ich hatte mich etwas verspätet. Auf mein Rufen und Klopfen hin öffnete sich das Tor, und mein Blick fiel auf eine lange sonnenbeschienene Chaussee, die von hohen, dunkelgrünen Eichen begrenzt war und an der bunte Fahnen flatterten. Zwei Beamte schreckten mich aus meiner Versunkenheit auf und erklärten mir voller Eifer den Weg. Ich werde allgemein erwartet, sagten sie mir und die Fahnen wehten mir zu Ehren. Wie im Traum ging ich weiter, mitten auf der Straße, und die Leute auf den Trottoirs, die mich sahen, gaben Rufe der Überraschung von sich und blieben stehen. Die Nachricht meiner Ankunft breitete sich wie ein Lauffeuer aus, nach kurzer Zeit säumten Scharen von Neugierigen die Chaussee, Journalisten umtanzten mich, um einige Worte von mir zu erhaschen – aber ich blickte erwartungsvoll und verklärt nach vorn. Irgendwo läuteten die Glocken – vielleicht auch mir zu Ehren, dachte ich und genoss die Schönheit der Gärten und weißen, verträumten Villen an der Chaussee. Je mehr ich in die Stadt drang, umso lebhafter wurde es auf den Straßen, umso öfter rief man mir zu, es war ein lustiges Treiben, und aus den Fenstern der majestätischen, palastähnlichen Gebäude der Stadt winkte man mir mit bunten Tüchern zu.

Im Innern der Stadt empfingen mich eine uniformierte Gardekapelle und ein unbeschreiblicher, aufgeregter Trubel. In dem Geschrei und erregtem Durcheinander um mich herum, hörte ich immer wieder die Fragen der Journalisten „Wie weit werden Sie gehen?“ Ich sah die Paläste und hellgekleideten Menschen, die Fahnen in der Sonne, ich fühlte mich wie ein König auf meinem Weg, und dennoch war ich mir gar nicht vollkommen bewusst über das, was mit mir geschah. Schließlich jedoch rief ich laut und überschwänglich in die Menge: „Ich gehe bis in die Mitte der Stadt!“, und mir war, als würde es um einiges ruhiger, als verlöre die Begeisterung ihre Echtheit, als täte man nur noch so, um mich nicht zu verletzen. Es schien mir mit einem Mal alles unerträglich gekünstelt.

Dann hatte ich die Mitte der Stadt erreicht, und als ich durch einen Torbogen trat, empfing mich ein großer leerer Platz, auf dem es totenstill war. Ich sah mich beklommen um und merkte, dass das Volk sich schnell verlief, es war eine peinliche Situation. Alle, die mir vorher zugerufen hatten, zogen sich jetzt unauffällig, aber doch schnell und ängstlich zurück. Schließlich stand ich ganz allein da. Und da merkte ich, dass ich zu weit gegangen war.

Paris – im Frühling

Während an der braunen, gekräuselten Seine zartes Grün spross, zerrte ich ein widerspenstiges, kreischendes, schwarzgelocktes Parismädchen das dunkle Treppenhaus meines kleinen Hotels hinunter – in der Rue St. Honoré übrigens, wo nachts die Clochards in Packpapier gehüllt auf dem Trottoir schlafen und riesige, bulldoggige Lastwagen die Berge von Gemüse und blutigem Fleisch abladen, die Paris am nächsten Tag verschlingt.

Die zappelnde, kratzige Französin klammerte sich wie mit Widerhaken an das knarrende Geländer und bog und wand sich, und ich zog lachend an der kleinen, schmalen Hand. Aus den düsteren Wänden klotzten sonst unsichtbare Fratzen hervor und hielten die Finger auf die Münder, die abgestandene Luft fing an zu wogen – seit der Französischen Revolution hatte in dem versteckten Hotel Ruhe geherrscht.

Ich hatte der kleinen Französin in einem frühlingshaften Rausch auf den breiten, quicklebendigen, dennoch aber zeitalterbelasteten Boulevards von Paris einen enormen überdimensionalen Strohhut in Lila gekauft, und sie war verzückt herumgesprungen, hatte in die kleinen Hände geklatscht, aus ihrem gewölbten Mund einen Schwall von wohlklingenden Begeisterungsrufen sprudeln lassen und mich kindlich umarmt. Dann hatte sie den Hut in die Hand genommen und war glücklich davongetänzelt in den Zauber der sonnenbeschienenen, verschnörkelten Welt, die am Quartier Latin zusammengewürfelt ist. Es hatte geflimmert in der noch kühlen Luft, und man schwebte dahin zwischen Bärtigen und gedankenlos Flanierenden, zwischen Tausenden von Unbekannten, die dahinleben im Glück wie eine lässige Freundesschar.

Sie hatte nicht daran gedacht, den Hut über ihre dunklen, kastanienrot schimmernden Locken zu stülpen, und erst in meinem winkligen, erbärmlich ausstaffierten Hotelzimmer konnte ich sie überreden, das ulkige Strohding auszuprobieren. Der Hut passte zu ihr, als habe ihn ein tollkühner Modekünstler mit Fingerspitzengefühl für sie kreiert, und sie lachte genießerisch bei ihrem Anblick vor dem fast blinden, fleckigen Spiegel, sie blickte verschämt mit ihren großen, runden Augen unter der mächtigen Krempe hervor, unter der man sie kaum noch sah.

Dann stolzierte sie selbstgefällig in meinem Zimmer auf und ab und wurde frech und keck, sie hatte die ursprüngliche Natürlichkeit und Unbekümmertheit wiedergefunden, die sie sonst zeigte und mit der sie früher rotznäsig am Sacre Coeur Verstecken, auf

RUE ST. HONORE

den Champs Elysées Hopse und in den Tuilerien Fangen gespielt hatte – nicht zu vergessen Fußball vor dem Portal des Louvre. Sie bog sich in den Hüften und war herausfordernd lustig. Da griff ich sie an der Hand und zerrte sie auf die Stiegen hinaus, und sie kicherte zuerst und lachte ein ausgelassenes Lachen, dann aber merkte sie, dass es abwärts ging, auf die Straße, und sie begann zu kreischen, sich zu schütteln und die Wolken in Unordnung zu bringen und die Straßen schwanken zu lassen und die Kanarienvögel in ihren Käfigen zu verhexen.

Sie hatte keine Zeit mehr, den Hut abzunehmen, mit dem „Stroh in Lila" bedeckt würde ich sie unter die Leute ziehen, die geschäftig an dem verrückten Chapeau vorbeigehen würden. Niemand würde sie anstarren, aber sie würde verrückt sein wie die ganze Stadt.

Ich zerrte und zerrte, und Musettewalzer fielen von den Bäumen und die Clochards schluckten ihren spottbilligen Rotwein. Dann waren wir auf der Straße, und ein leichter, luftiger Wind griff unter den Hut und trug die kleine Französin wie an einem Fallschirm hinauf in die wattigen Wolken, so dass ich am Schluss nur noch ihre rosa Bänder und dann gar nichts mehr sah.

Da ging ich in die verschachtelten Vogelläden an der Seine und kaufte mir einen grünen Papagei, um nicht allein zu sein.

Tod der Bequemlichkeit

Herbstwind streicht übers Land, und das Schilf färbt sich gelb. Gläsern spielt das kühle Wasser zwischen den Ufersteinen, treibt Laub und fahle Halme mit sich. Um die Straßenlaternen wehen knisternde Blätter. Die Amseln hocken stumpfsinnig unter Sträuchern, die Stare kreisen in Scharen um die Kronen der hohen, fast kahlen Kastanien. Vom mattblauen Himmel kommt der geschwächte, goldene Schein der Herbstsonne. Anderntags verliert sich die Straße im Schleier eines hauchfeinen Niesels, der von den nassgrauen, zerrissenen Wolken dringt, die den Kirchturm verhüllen.

Kühl ist es, und du fühlst dich kräftig. Du möchtest das Hemd öffnen und singen. Doch dass es abwärts geht, macht dich traurig. Es wird nichts Neues mehr geschaffen. Bist du allein, so wirst du allein bleiben. Du wirst den sandigen Weg zwischen den Föhren entlanggehen und das Gelb, das Ocker, Orange, Karminrot des Laubs bewundern und mit den Füßen aufwirbeln. Du wirst sprechen wollen, aber es wird niemand neben dir sein. Du wirst an den vergangenen Sommer denken. Du wirst von der Erinnerung leben und gleichmütig die ereignislose Gegenwart verrinnen lassen. Du wirst über nasse Bretter auf den Steg gehen und dich an einen Pfahl lehnen und den glotzenden Blick des Fisches erwidern, der vor dir im Wasser hängt. Zeitungspapier saugt die Feuchtigkeit der Straße auf und wird zu Schleim. Die Druckerschwärze erzählt von Erregendem; du begreifst, dass sich alles, alles wiederholt. Es ist die Zeit der Galerien, man genießt Gesammeltes wie der Hamster.

Du möchtest dich auch vergraben. Du möchtest, dass die Zeiger der Uhr stehen bleiben, dass sie abfallen, dass der Herbstwind die Zeit verweht, dass das Wasser mit dem Räderwerk spielt, es am Ufer tänzeln und rosten lässt. Alte Damen kommen mit gefärbtem Haar vom Friseur. Doch der Herbst lässt sich nicht aufhalten. Von den Dächern tropft es. Müder Rhythmus ist in allem.

Was bist du? Du hieltest dich in guten Zeiten für etwas Besonderes. Du schienst wert, dass du dich mit dir beschäftigtest. Nun erkennst du, dass du ein Blatt bist unter vielen, die der Wind treibt. Du gleitest zu Boden. Manchmal wird das Laub aufgewirbelt. Die Farben vertiefen sich, die Rottöne nehmen zu. An den Bäumen sind schon neue Knospen.

Du lässt den Pfahl am Steg und gehst zurück. Klarinettenschlagermusik ist in der Luft. Übliche Melan-

cholie. Das Beste ist, du sträubst dich. Werde stolz und leiste Kleinarbeit für den nächsten Frühling. Sei aggressiv zu dir selbst. Ruhe umgibt dich. Verwechsle sie nicht mit Bequemlichkeit.

Die seltsamen Reisen des Herrn Schöppkopf

Herrn Schöppkopf fiel es an irgendwelchen Tagen ein, plötzlich zu verreisen. Mit einem braunen, abgeschabten Pappkoffer in der Hand und einem unmodischen Warmhalteulster über den Schultern trat er hinaus aus seinem Haus und ging mit Zögerschritten davon. Dann verstrich unbemerkt die Zeit, tropfte dahin, in der Stadt gondelten die Autos um die Ecken, die Straßenbahnen quietschten und bimmelten, und ebenso unvorhergesehen wie Herr Schöppkopf gegangen war, kam er auch zurück.

Wohin er verreiste und was er dort tat, blieb in Dunkel gehüllt. Nähere Einzelheiten wurden schließlich nur über den schäbigen Pappkoffer bekannt. Nicht dass sich daher alles klären ließe, aber was die dicke, schmalzbackige Haushälterin ausquatschte, reichte bei einiger Fantasie, um sich ein Bild zu machen.

Herr Schöppkopf fing mit dem Verreisen in jungen Jahren an. Er war der Querulant der Familie, starrköpfig, eigensinnig, verträumt. Er war jedes habgierigen

Geschäftsgeistes bloß, statt der sachlichen Kaufmannsaugen seines Vaters zierte ihn ein Schwärmerblick. Er verbrachte seine Stunden mit Strohblumen, beim „Steppenwolf" von Hermann Hesse und beim „Cornette" von Rilke, er wandelte in asthmatischer Haltung durch den Stadtpark, und Leute wollten ihn laut deklamieren gehört haben. Er kleckste mit Farben herum, und die Ergebnisse brachten seinen Vater zu Lachkrämpfen – kurz, er schien danebengeraten.

Dennoch aber hatte er übrigens seine Eltern, als es an der Zeit war, ordnungsgemäß und unter Tränen zu Grabe tragen lassen und das Unternehmen seines Vaters fortgeführt. Und dann begann die Sache mit seinen Reisen.

Er hatte anfangs, so plapperte die Haushälterin, alle Strohblumen, alle Bücher, farbige Bänder, hübsche Steine säuberlich verschnüren und in den Pappkoffer schichten lassen. Nach zwei oder drei Tagen, die genaue Dauer seiner ungeklärten Seitensprünge ließ sich nicht vorherbestimmen, pflegte er zurückzukehren, und zwar in einem Zustand schwungvoller Freudigkeit, geradezu kindlicher Frische. Die einzige Veränderung in all den Jahren bestand darin, dass es nach der Rückkehr immer weniger Strohblumen und Bücher waren, die den Koffer füllten, ja, dass der Koffer allmählich auffallend leer

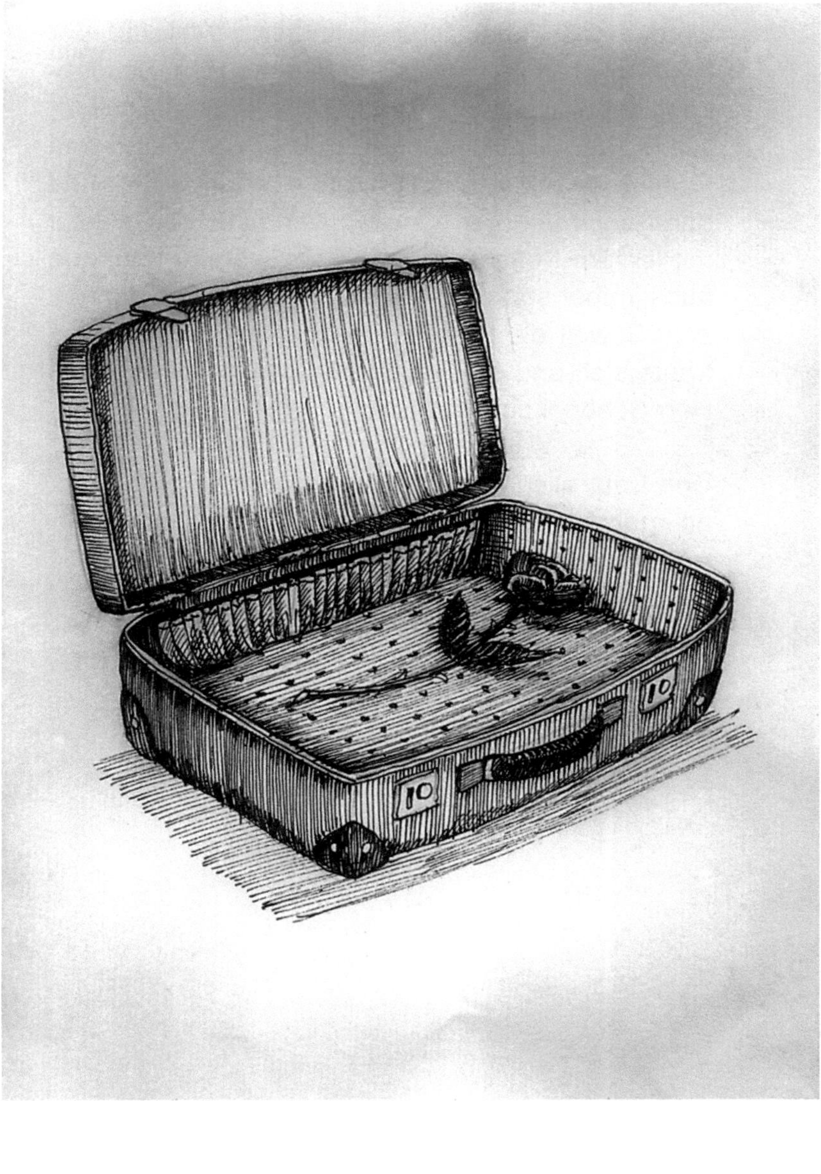

wurde, dass offensichtlich immer etwas auf der Reise blieb und – vor allem – dass Herr Schöppkopf immer weniger verändert wiederkam. Schließlich, in den letzten Jahren, trug er noch eine rote Papierrose mit sich hinfort, die sich lange hielt und dann doch verloren ging. Er verreiste also zuletzt mit leerem Koffer, pro forma sozusagen, und kam auch immer so trübselig zurück, wie er von dannen zog. Soweit die Fakten, die bekannt wurden. Man fragte sich und die Haushälterin vergebens, wohin Herr Schöppkopf verreiste.

Und trotz allen Geredes fiel es Herrn Schöppkopf an irgendwelchen Tagen ein, plötzlich zu verreisen.

Wie Wilhelm Niederzahn in New York ankam

Mit einer unerhörten Schwappwende drehte das zehnschornsteinige Dampfschiff bei, um am New Yorker Hauptkai vor Anker zu gehen.

Wilhelm Niederzahn, der mit einem zugenähten Leinensack schon seit einer Stunde auf Deck stand, bekam einen Schlenker, dass er benommen und mit zugekniffenen Augen gegen eine Blechwand schoss. Dann schlängelte er sich schmalschultrig an den Beamten vorbei, die die Papiere kontrollierten – die seinen waren zerfleddert, aber ordnungsgemäß – und stand im Schatten. Sein erster Eindruck war: es ist schattig in New York. Er betrachtete unentschlossen die schmutzigen, flachen Wasserbaracken und das traurige Eisengerank der Kais, den öden Zauberwald von Pfeilern, Streben und schmierigen Brettern, dann fragte er einen Mann nach der 59. Straße. Die Beschreibung war sehr kompliziert und verwirrend und vor allem in Englisch, das er nicht verstand. Er warf mit Männermiene den Leinensack über die Schultern, ließ ihn schlaff herabbaumeln und lief direkt auf die Stadt los. An jeder Ecke drehte er sich auf den Hacken im Kreis und stellte den Kopf schief wie ein Uhu und ließ sich schließlich von der Menge mitziehen.

Zerknülltes, rotes Papier, das die schnatternde, amöbenhafte Schlange von New Yorkern mit den Füßen vor sich hertrieb, ließ Wilhelm Niederzahns Blicke hüpfen. Eine krumme Alte, die vor ihm watschelte, hatte ein schwarzes Häkeltuch um den Kopf und die Schultern gehüllt wie eine Russin, ein Busfahrer brüllte mit grobschlächtigem Maul durch das halboffene Fenster seines trägen Busses, in der dritten Etage eines ungewaschenen, schattenwerfenden Hauses öffnete ein junges Büromädchen das Fenster und warf ihre Arme hinaus, und ihre Augen trafen für Sekunden Wilhelm Niederzahn, dass er sich schlank aufrichtete und über die Haare strich.

Ein schürzentragender Mann rempelte ihn fortwährend von hinten an und gab ölige Worte von sich. Ein wütender, dickbäuchiger Zeitungsverkäufer warf schreiend seine Seele auf das Trottoir und ließ sich nur widerwillig den New Yorker Anzeiger entreißen. An einem schmerzhaft verschnörkelten Eisenzaun, der sich zu Wassertulpen und Märchenrosen wand, hing ein bunt karierter Schottenschal, aus einem hingeduckten, mit aufdringlichen Lockschildern behängten Musikladen näselte zerkratzte Gei-

Wie Wilhelm Niederzahn in New York ankam

genseligkeit, ein hochgeschossener Neger spuckte teilnahmslos auf die enge, eingeschachtelte Straße. Und überall war kühler, steinerner Schatten. Die Fassaden und Wände waren mit krampfhafter Wildheit und schamlosen Farben bepinselt, aber das kalte Licht, das die hohen Hausschachte herunter rieselte, ließ alles regennass, traurig-trübe erscheinen. Wilhelm Niederzahn hatte eigentlich nichts Sensationelles erwartet, als er den Fahrschein nach New York gelöst hatte, nur eine vielleicht sehr unvernünftige Vorstellung von einer weißen, sonnigen Welt war in ihm gewesen. Und so ging er fast staunend in seinem Trenchcoat unter den rostigen Gestellen der Leuchtreklamen entlang, die Mundwinkel hingen ihm schließlich wie einer Bulldogge herab, auch die Augen trieften etwas. Dann begann es, niederträchtig fein zu regnen und Wilhelm Niederzahn konnte sich nicht unterstellen, weil die Häuser keine Vorsprünge hatten. Die 59. Straße fand er schließlich, nachdem er schon zweimal durch sie hindurch geschlendert war, ohne es zu bemerken. Er trat in einen großen Wühlladen, in dem es alles gab. Er wurde geschoben und gedrängt, und es war eine nervenzermürbende Hast um ihn. Als ihm die Tränen nahe waren, griff er nach einem Brot und bezahlte mit dem Geld, das er sich klugerweise vor der Reise eingetauscht hatte. Dann wanderte er missmutig zum Hafen zurück, den er bei strömendem Regen erreichte, und nahm das nächste Schiff nach Europa.

Vom gleichen Autor erschienen in der Edition Osiris MIC in 2016:

Die Geschwister
Roman
ISBN 978-3-9817982-4-1

Die Erdwürmer
Roman
ISBN 078-3-9817982-0-3

Grillen
Novelle
ISBN 978-3-9817982-2-7